Travel LOG

LODGING INFO _____
_____

FLIGHT / ROAD TRIP INFO _____
_____

I0391574

TO DO

TO EAT

TO BUY

	M	T	W	T	F	S	S
8 AM							
9 AM							
10 AM							
11 AM							
12 NN							
1 PM							
2 PM							
3 PM							
4 PM							
5 PM							
6 PM							
7 PM							
8 PM							
9 PM							

LODGING INFO _____

FLIGHT / ROAD TRIP INFO _____

TO DO	TO EAT	TO BUY

	M	T	W	T	F	S	S
8 AM							
9 AM							
10 AM							
11 AM							
12 NN							
1 PM							
2 PM							
3 PM							
4 PM							
5 PM							
6 PM							
7 PM							
8 PM							
9 PM							

LODGING INFO _____

_____

FLIGHT / ROAD TRIP INFO _____

_____

TO DO	TO EAT	TO BUY

	M	T	W	T	F	S	S
8 AM							
9 AM							
10 AM							
11 AM							
12 NN							
1 PM							
2 PM							
3 PM							
4 PM							
5 PM							
6 PM							
7 PM							
8 PM							
9 PM							

Travel Log

LODGING INFO _____
_____

FLIGHT / ROAD TRIP INFO _____
_____

TO DO	TO EAT	TO BUY

	M	T	W	T	F	S	S
8 AM							
9 AM							
10 AM							
11 AM							
12 NN							
1 PM							
2 PM							
3 PM							
4 PM							
5 PM							
6 PM							
7 PM							
8 PM							
9 PM							

LODGING INFO _____
_____

FLIGHT / ROAD TRIP INFO _____
_____

TO DO	TO EAT	TO BUY

	M	T	W	T	F	S	S
8 AM							
9 AM							
10 AM							
11 AM							
12 NN							
1 PM							
2 PM							
3 PM							
4 PM							
5 PM							
6 PM							
7 PM							
8 PM							
9 PM							

TRAVEL LOG

LODGING INFO _____

_____

FLIGHT / ROAD TRIP INFO _____

_____

TO DO	TO EAT	TO BUY

	M	T	W	T	F	S	S
8 AM							
9 AM							
10 AM							
11 AM							
12 NN							
1 PM							
2 PM							
3 PM							
4 PM							
5 PM							
6 PM							
7 PM							
8 PM							
9 PM							

LODGING INFO _____

_____

FLIGHT / ROAD TRIP INFO _____

_____

TO DO	TO EAT	TO BUY

	M	T	W	T	F	S	S
8 AM							
9 AM							
10 AM							
11 AM							
12 NN							
1 PM							
2 PM							
3 PM							
4 PM							
5 PM							
6 PM							
7 PM							
8 PM							
9 PM							

LODGING INFO _____

_____

FLIGHT / ROAD TRIP INFO _____

_____

TO DO	TO EAT	TO BUY

	M	T	W	T	F	S	S
8 AM							
9 AM							
10 AM							
11 AM							
12 NN							
1 PM							
2 PM							
3 PM							
4 PM							
5 PM							
6 PM							
7 PM							
8 PM							
9 PM							

LODGING INFO _____

_____

FLIGHT / ROAD TRIP INFO _____

_____

TO DO	TO EAT	TO BUY

	M	T	W	T	F	S	S
8 AM							
9 AM							
10 AM							
11 AM							
12 NN							
1 PM							
2 PM							
3 PM							
4 PM							
5 PM							
6 PM							
7 PM							
8 PM							
9 PM							

LODGING INFO _____

FLIGHT / ROAD TRIP INFO _____

TO DO	TO EAT	TO BUY

	M	T	W	T	F	S	S
8 AM							
9 AM							
10 AM							
11 AM							
12 NN							
1 PM							
2 PM							
3 PM							
4 PM							
5 PM							
6 PM							
7 PM							
8 PM							
9 PM							

LODGING INFO _____

FLIGHT / ROAD TRIP INFO _____

TO DO	TO EAT	TO BUY

	M	T	W	T	F	S	S
8 AM							
9 AM							
10 AM							
11 AM							
12 NN							
1 PM							
2 PM							
3 PM							
4 PM							
5 PM							
6 PM							
7 PM							
8 PM							
9 PM							

Travel Log

LODGING INFO _____

_____

FLIGHT / ROAD TRIP INFO _____

_____

TO DO	TO EAT	TO BUY

	M	T	W	T	F	S	S
8 AM							
9 AM							
10 AM							
11 AM							
12 NN							
1 PM							
2 PM							
3 PM							
4 PM							
5 PM							
6 PM							
7 PM							
8 PM							
9 PM							

LODGING INFO _____
_____

FLIGHT / ROAD TRIP INFO _____
_____

	TO DO	TO EAT	TO BUY

	M	T	W	T	F	S	S
8 AM							
9 AM							
10 AM							
11 AM							
12 NN							
1 PM							
2 PM							
3 PM							
4 PM							
5 PM							
6 PM							
7 PM							
8 PM							
9 PM							

LODGING INFO _____

FLIGHT / ROAD TRIP INFO _____

TO DO	TO EAT	TO BUY

	M	T	W	T	F	S	S
8 AM							
9 AM							
10 AM							
11 AM							
12 NN							
1 PM							
2 PM							
3 PM							
4 PM							
5 PM							
6 PM							
7 PM							
8 PM							
9 PM							

LODGING INFO _____

FLIGHT / ROAD TRIP INFO _____

TO DO	TO EAT	TO BUY

	M	T	W	T	F	S	S
8 AM							
9 AM							
10 AM							
11 AM							
12 NN							
1 PM							
2 PM							
3 PM							
4 PM							
5 PM							
6 PM							
7 PM							
8 PM							
9 PM							

LODGING INFO _____

_____

FLIGHT / ROAD TRIP INFO _____

_____

	TO DO	TO EAT	TO BUY

	M	T	W	T	F	S	S
8 AM							
9 AM							
10 AM							
11 AM							
12 NN							
1 PM							
2 PM							
3 PM							
4 PM							
5 PM							
6 PM							
7 PM							
8 PM							
9 PM							

Travel LOG

LODGING INFO _____
_____

FLIGHT / ROAD TRIP INFO _____
_____

TO DO	TO EAT	TO BUY

	M	T	W	T	F	S	S
8 AM							
9 AM							
10 AM							
11 AM							
12 NN							
1 PM							
2 PM							
3 PM							
4 PM							
5 PM							
6 PM							
7 PM							
8 PM							
9 PM							

LODGING INFO _____
_____

FLIGHT / ROAD TRIP INFO _____
_____

TO DO	TO EAT	TO BUY

	M	T	W	T	F	S	S
8 AM							
9 AM							
10 AM							
11 AM							
12 NN							
1 PM							
2 PM							
3 PM							
4 PM							
5 PM							
6 PM							
7 PM							
8 PM							
9 PM							

LODGING INFO _____

_____

FLIGHT / ROAD TRIP INFO _____

_____

TO DO	TO EAT	TO BUY

	M	T	W	T	F	S	S
8 AM							
9 AM							
10 AM							
11 AM							
12 NN							
1 PM							
2 PM							
3 PM							
4 PM							
5 PM							
6 PM							
7 PM							
8 PM							
9 PM							

Travel LOG

LODGING INFO _____
_____

FLIGHT / ROAD TRIP INFO _____
_____

TO DO	TO EAT	TO BUY

	M	T	W	T	F	S	S
8 AM							
9 AM							
10 AM							
11 AM							
12 NN							
1 PM							
2 PM							
3 PM							
4 PM							
5 PM							
6 PM							
7 PM							
8 PM							
9 PM							

LODGING INFO _____

FLIGHT / ROAD TRIP INFO _____

	TO DO	TO EAT	TO BUY

	M	T	W	T	F	S	S
8 AM							
9 AM							
10 AM							
11 AM							
12 NN							
1 PM							
2 PM							
3 PM							
4 PM							
5 PM							
6 PM							
7 PM							
8 PM							
9 PM							

TRAVEL LOG

LODGING INFO _____

FLIGHT / ROAD TRIP INFO _____

TO DO	TO EAT	TO BUY

	M	T	W	T	F	S	S
8 AM							
9 AM							
10 AM							
11 AM							
12 NN							
1 PM							
2 PM							
3 PM							
4 PM							
5 PM							
6 PM							
7 PM							
8 PM							
9 PM							

LODGING INFO _____
_____

FLIGHT / ROAD TRIP INFO _____
_____

TO DO	TO EAT	TO BUY

	M	T	W	T	F	S	S
8 AM							
9 AM							
10 AM							
11 AM							
12 NN							
1 PM							
2 PM							
3 PM							
4 PM							
5 PM							
6 PM							
7 PM							
8 PM							
9 PM							

LODGING INFO _____
_____

FLIGHT / ROAD TRIP INFO _____
_____

TO DO	TO EAT	TO BUY

	M	T	W	T	F	S	S
8 AM							
9 AM							
10 AM							
11 AM							
12 NN							
1 PM							
2 PM							
3 PM							
4 PM							
5 PM							
6 PM							
7 PM							
8 PM							
9 PM							

LODGING INFO _____

_____

FLIGHT / ROAD TRIP INFO _____

_____

TO DO	TO EAT	TO BUY

	M	T	W	T	F	S	S
8 AM							
9 AM							
10 AM							
11 AM							
12 NN							
1 PM							
2 PM							
3 PM							
4 PM							
5 PM							
6 PM							
7 PM							
8 PM							
9 PM							

Travel Log

LODGING INFO _____
_____

FLIGHT / ROAD TRIP INFO _____
_____

TO DO	TO EAT	TO BUY

	M	T	W	T	F	S	S
8 AM							
9 AM							
10 AM							
11 AM							
12 NN							
1 PM							
2 PM							
3 PM							
4 PM							
5 PM							
6 PM							
7 PM							
8 PM							
9 PM							

LODGING INFO _____

_____

FLIGHT / ROAD TRIP INFO _____

_____

	TO DO	TO EAT	TO BUY

	M	T	W	T	F	S	S
8 AM							
9 AM							
10 AM							
11 AM							
12 NN							
1 PM							
2 PM							
3 PM							
4 PM							
5 PM							
6 PM							
7 PM							
8 PM							
9 PM							

TRAVEL LOG

LODGING INFO _____

_____

FLIGHT / ROAD TRIP INFO _____

_____

TO DO	TO EAT	TO BUY

	M	T	W	T	F	S	S
8 AM							
9 AM							
10 AM							
11 AM							
12 NN							
1 PM							
2 PM							
3 PM							
4 PM							
5 PM							
6 PM							
7 PM							
8 PM							
9 PM							

TRAVEL LOG

LODGING INFO _____
_____

FLIGHT / ROAD TRIP INFO _____
_____

TO DO	TO EAT	TO BUY

	M	T	W	T	F	S	S
8 AM							
9 AM							
10 AM							
11 AM							
12 NN							
1 PM							
2 PM							
3 PM							
4 PM							
5 PM							
6 PM							
7 PM							
8 PM							
9 PM							

LODGING INFO _____

FLIGHT / ROAD TRIP INFO _____

TO DO	TO EAT	TO BUY

	M	T	W	T	F	S	S
8 AM							
9 AM							
10 AM							
11 AM							
12 NN							
1 PM							
2 PM							
3 PM							
4 PM							
5 PM							
6 PM							
7 PM							
8 PM							
9 PM							

LODGING INFO _____
_____

FLIGHT / ROAD TRIP INFO _____
_____

TO DO	TO EAT	TO BUY

	M	T	W	T	F	S	S
8 AM							
9 AM							
10 AM							
11 AM							
12 NN							
1 PM							
2 PM							
3 PM							
4 PM							
5 PM							
6 PM							
7 PM							
8 PM							
9 PM							

LODGING INFO _____
_____

FLIGHT / ROAD TRIP INFO _____
_____

TO DO	TO EAT	TO BUY

	M	T	W	T	F	S	S
8 AM							
9 AM							
10 AM							
11 AM							
12 NN							
1 PM							
2 PM							
3 PM							
4 PM							
5 PM							
6 PM							
7 PM							
8 PM							
9 PM							

LODGING INFO _____

_____

FLIGHT / ROAD TRIP INFO _____

_____

TO DO	TO EAT	TO BUY

	M	T	W	T	F	S	S
8 AM							
9 AM							
10 AM							
11 AM							
12 NN							
1 PM							
2 PM							
3 PM							
4 PM							
5 PM							
6 PM							
7 PM							
8 PM							
9 PM							

LODGING INFO _____

FLIGHT / ROAD TRIP INFO _____

TO DO	TO EAT	TO BUY

	M	T	W	T	F	S	S
8 AM							
9 AM							
10 AM							
11 AM							
12 NN							
1 PM							
2 PM							
3 PM							
4 PM							
5 PM							
6 PM							
7 PM							
8 PM							
9 PM							

LODGING INFO _____
_____

FLIGHT / ROAD TRIP INFO _____
_____

TO DO	TO EAT	TO BUY

	M	T	W	T	F	S	S
8 AM							
9 AM							
10 AM							
11 AM							
12 NN							
1 PM							
2 PM							
3 PM							
4 PM							
5 PM							
6 PM							
7 PM							
8 PM							
9 PM							

TRAVEL LOG

LODGING INFO _____
_____

FLIGHT / ROAD TRIP INFO _____
_____

TO DO	TO EAT	TO BUY

	M	T	W	T	F	S	S
8 AM							
9 AM							
10 AM							
11 AM							
12 NN							
1 PM							
2 PM							
3 PM							
4 PM							
5 PM							
6 PM							
7 PM							
8 PM							
9 PM							

LODGING INFO _____

_____

FLIGHT / ROAD TRIP INFO _____

_____

TO DO	TO EAT	TO BUY

	M	T	W	T	F	S	S
8 AM							
9 AM							
10 AM							
11 AM							
12 NN							
1 PM							
2 PM							
3 PM							
4 PM							
5 PM							
6 PM							
7 PM							
8 PM							
9 PM							

LODGING INFO _____

_____

FLIGHT / ROAD TRIP INFO _____

_____

TO DO	TO EAT	TO BUY

	M	T	W	T	F	S	S
8 AM							
9 AM							
10 AM							
11 AM							
12 NN							
1 PM							
2 PM							
3 PM							
4 PM							
5 PM							
6 PM							
7 PM							
8 PM							
9 PM							

LODGING INFO _____

FLIGHT / ROAD TRIP INFO _____

TO DO	TO EAT	TO BUY

	M	T	W	T	F	S	S
8 AM							
9 AM							
10 AM							
11 AM							
12 NN							
1 PM							
2 PM							
3 PM							
4 PM							
5 PM							
6 PM							
7 PM							
8 PM							
9 PM							

TRAVEL LOG

LODGING INFO _____

FLIGHT / ROAD TRIP INFO _____

TO DO	TO EAT	TO BUY

	M	T	W	T	F	S	S
8 AM							
9 AM							
10 AM							
11 AM							
12 NN							
1 PM							
2 PM							
3 PM							
4 PM							
5 PM							
6 PM							
7 PM							
8 PM							
9 PM							

LODGING INFO _____

_____

FLIGHT / ROAD TRIP INFO _____

_____

TO DO	TO EAT	TO BUY

	M	T	W	T	F	S	S
8 AM							
9 AM							
10 AM							
11 AM							
12 NN							
1 PM							
2 PM							
3 PM							
4 PM							
5 PM							
6 PM							
7 PM							
8 PM							
9 PM							

LODGING INFO _____
_____

FLIGHT / ROAD TRIP INFO _____
_____

TO DO	TO EAT	TO BUY

	M	T	W	T	F	S	S
8 AM							
9 AM							
10 AM							
11 AM							
12 NN							
1 PM							
2 PM							
3 PM							
4 PM							
5 PM							
6 PM							
7 PM							
8 PM							
9 PM							

LODGING INFO _____
_____

FLIGHT / ROAD TRIP INFO _____
_____

TO DO	TO EAT	TO BUY

	M	T	W	T	F	S	S
8 AM							
9 AM							
10 AM							
11 AM							
12 NN							
1 PM							
2 PM							
3 PM							
4 PM							
5 PM							
6 PM							
7 PM							
8 PM							
9 PM							

LODGING INFO _____

FLIGHT / ROAD TRIP INFO _____

TO DO	TO EAT	TO BUY

	M	T	W	T	F	S	S
8 AM							
9 AM							
10 AM							
11 AM							
12 NN							
1 PM							
2 PM							
3 PM							
4 PM							
5 PM							
6 PM							
7 PM							
8 PM							
9 PM							

LODGING INFO _____

_____

FLIGHT / ROAD TRIP INFO _____

_____

TO DO	TO EAT	TO BUY

	M	T	W	T	F	S	S
8 AM							
9 AM							
10 AM							
11 AM							
12 NN							
1 PM							
2 PM							
3 PM							
4 PM							
5 PM							
6 PM							
7 PM							
8 PM							
9 PM							

LODGING INFO _____
_____

FLIGHT / ROAD TRIP INFO _____
_____

TO DO	TO EAT	TO BUY

	M	T	W	T	F	S	S
8 AM							
9 AM							
10 AM							
11 AM							
12 NN							
1 PM							
2 PM							
3 PM							
4 PM							
5 PM							
6 PM							
7 PM							
8 PM							
9 PM							

Travel LOG

LODGING INFO _____
_____

FLIGHT / ROAD TRIP INFO _____
_____

TO DO	TO EAT	TO BUY

	M	T	W	T	F	S	S
8 AM							
9 AM							
10 AM							
11 AM							
12 NN							
1 PM							
2 PM							
3 PM							
4 PM							
5 PM							
6 PM							
7 PM							
8 PM							
9 PM							

TRAVEL LOG

LODGING INFO _____

_____

FLIGHT / ROAD TRIP INFO _____

_____

TO DO	TO EAT	TO BUY

	M	T	W	T	F	S	S
8 AM							
9 AM							
10 AM							
11 AM							
12 NN							
1 PM							
2 PM							
3 PM							
4 PM							
5 PM							
6 PM							
7 PM							
8 PM							
9 PM							

LODGING INFO _____
_____

FLIGHT / ROAD TRIP INFO _____
_____

TO DO	TO EAT	TO BUY

	M	T	W	T	F	S	S
8 AM							
9 AM							
10 AM							
11 AM							
12 NN							
1 PM							
2 PM							
3 PM							
4 PM							
5 PM							
6 PM							
7 PM							
8 PM							
9 PM							

TRAVEL LOG

LODGING INFO _____

FLIGHT / ROAD TRIP INFO _____

TO DO	TO EAT	TO BUY

	M	T	W	T	F	S	S
8 AM							
9 AM							
10 AM							
11 AM							
12 NN							
1 PM							
2 PM							
3 PM							
4 PM							
5 PM							
6 PM							
7 PM							
8 PM							
9 PM							

LODGING INFO _____

FLIGHT / ROAD TRIP INFO _____

TO DO	TO EAT	TO BUY

	M	T	W	T	F	S	S
8 AM							
9 AM							
10 AM							
11 AM							
12 NN							
1 PM							
2 PM							
3 PM							
4 PM							
5 PM							
6 PM							
7 PM							
8 PM							
9 PM							

LODGING INFO _____
_____

FLIGHT / ROAD TRIP INFO _____
_____

TO DO	TO EAT	TO BUY

	M	T	W	T	F	S	S
8 AM							
9 AM							
10 AM							
11 AM							
12 NN							
1 PM							
2 PM							
3 PM							
4 PM							
5 PM							
6 PM							
7 PM							
8 PM							
9 PM							

LODGING INFO _____
_____

FLIGHT / ROAD TRIP INFO _____
_____

TO DO	TO EAT	TO BUY

	M	T	W	T	F	S	S
8 AM							
9 AM							
10 AM							
11 AM							
12 NN							
1 PM							
2 PM							
3 PM							
4 PM							
5 PM							
6 PM							
7 PM							
8 PM							
9 PM							

Travel Log

LODGING INFO _____

FLIGHT / ROAD TRIP INFO _____

TO DO	TO EAT	TO BUY

	M	T	W	T	F	S	S
8 AM							
9 AM							
10 AM							
11 AM							
12 NN							
1 PM							
2 PM							
3 PM							
4 PM							
5 PM							
6 PM							
7 PM							
8 PM							
9 PM							

LODGING INFO _____

_____

FLIGHT / ROAD TRIP INFO _____

_____

TO DO	TO EAT	TO BUY

	M	T	W	T	F	S	S
8 AM							
9 AM							
10 AM							
11 AM							
12 NN							
1 PM							
2 PM							
3 PM							
4 PM							
5 PM							
6 PM							
7 PM							
8 PM							
9 PM							

Travel LOG

LODGING INFO _____
_____

FLIGHT / ROAD TRIP INFO _____
_____

TO DO	TO EAT	TO BUY

	M	T	W	T	F	S	S
8 AM							
9 AM							
10 AM							
11 AM							
12 NN							
1 PM							
2 PM							
3 PM							
4 PM							
5 PM							
6 PM							
7 PM							
8 PM							
9 PM							

LODGING INFO _____

_____

FLIGHT / ROAD TRIP INFO _____

_____

TO DO	TO EAT	TO BUY

	M	T	W	T	F	S	S
8 AM							
9 AM							
10 AM							
11 AM							
12 NN							
1 PM							
2 PM							
3 PM							
4 PM							
5 PM							
6 PM							
7 PM							
8 PM							
9 PM							

LODGING INFO _____

_____

FLIGHT / ROAD TRIP INFO _____

_____

	TO DO	TO EAT	TO BUY

	M	T	W	T	F	S	S
8 AM							
9 AM							
10 AM							
11 AM							
12 NN							
1 PM							
2 PM							
3 PM							
4 PM							
5 PM							
6 PM							
7 PM							
8 PM							
9 PM							

LODGING INFO _____
_____

FLIGHT / ROAD TRIP INFO _____
_____

TO DO	TO EAT	TO BUY

	M	T	W	T	F	S	S
8 AM							
9 AM							
10 AM							
11 AM							
12 NN							
1 PM							
2 PM							
3 PM							
4 PM							
5 PM							
6 PM							
7 PM							
8 PM							
9 PM							

LODGING INFO _____
_____

FLIGHT / ROAD TRIP INFO _____
_____

TO DO	TO EAT	TO BUY

	M	T	W	T	F	S	S
8 AM							
9 AM							
10 AM							
11 AM							
12 NN							
1 PM							
2 PM							
3 PM							
4 PM							
5 PM							
6 PM							
7 PM							
8 PM							
9 PM							

LODGING INFO _____
_____

FLIGHT / ROAD TRIP INFO _____
_____

	TO DO	TO EAT	TO BUY

	M	T	W	T	F	S	S
8 AM							
9 AM							
10 AM							
11 AM							
12 NN							
1 PM							
2 PM							
3 PM							
4 PM							
5 PM							
6 PM							
7 PM							
8 PM							
9 PM							

LODGING INFO _____
_____

FLIGHT / ROAD TRIP INFO _____
_____

TO DO	TO EAT	TO BUY

	M	T	W	T	F	S	S
8 AM							
9 AM							
10 AM							
11 AM							
12 NN							
1 PM							
2 PM							
3 PM							
4 PM							
5 PM							
6 PM							
7 PM							
8 PM							
9 PM							

Travel Log

LODGING INFO _____

FLIGHT / ROAD TRIP INFO _____

TO DO	TO EAT	TO BUY

	M	T	W	T	F	S	S
8 AM							
9 AM							
10 AM							
11 AM							
12 NN							
1 PM							
2 PM							
3 PM							
4 PM							
5 PM							
6 PM							
7 PM							
8 PM							
9 PM							

LODGING INFO _____

FLIGHT / ROAD TRIP INFO _____

TO DO	TO EAT	TO BUY

	M	T	W	T	F	S	S
8 AM							
9 AM							
10 AM							
11 AM							
12 NN							
1 PM							
2 PM							
3 PM							
4 PM							
5 PM							
6 PM							
7 PM							
8 PM							
9 PM							

LODGING INFO _____
_____

FLIGHT / ROAD TRIP INFO _____
_____

TO DO	TO EAT	TO BUY

	M	T	W	T	F	S	S
8 AM							
9 AM							
10 AM							
11 AM							
12 NN							
1 PM							
2 PM							
3 PM							
4 PM							
5 PM							
6 PM							
7 PM							
8 PM							
9 PM							

TRAVEL LOG

LODGING INFO _____

FLIGHT / ROAD TRIP INFO _____

TO DO	TO EAT	TO BUY

	M	T	W	T	F	S	S
8 AM							
9 AM							
10 AM							
11 AM							
12 NN							
1 PM							
2 PM							
3 PM							
4 PM							
5 PM							
6 PM							
7 PM							
8 PM							
9 PM							

LODGING INFO _____

FLIGHT / ROAD TRIP INFO _____

	TO DO	TO EAT	TO BUY

	M	T	W	T	F	S	S
8 AM							
9 AM							
10 AM							
11 AM							
12 NN							
1 PM							
2 PM							
3 PM							
4 PM							
5 PM							
6 PM							
7 PM							
8 PM							
9 PM							

LODGING INFO _____

FLIGHT / ROAD TRIP INFO _____

	TO DO	TO EAT	TO BUY

	M	T	W	T	F	S	S
8 AM							
9 AM							
10 AM							
11 AM							
12 NN							
1 PM							
2 PM							
3 PM							
4 PM							
5 PM							
6 PM							
7 PM							
8 PM							
9 PM							

LODGING INFO _____
_____

FLIGHT / ROAD TRIP INFO _____
_____

TO DO	TO EAT	TO BUY

	M	T	W	T	F	S	S
8 AM							
9 AM							
10 AM							
11 AM							
12 NN							
1 PM							
2 PM							
3 PM							
4 PM							
5 PM							
6 PM							
7 PM							
8 PM							
9 PM							

TRAVEL LOG

LODGING INFO _____

FLIGHT / ROAD TRIP INFO _____

TO DO	TO EAT	TO BUY

	M	T	W	T	F	S	S
8 AM							
9 AM							
10 AM							
11 AM							
12 NN							
1 PM							
2 PM							
3 PM							
4 PM							
5 PM							
6 PM							
7 PM							
8 PM							
9 PM							

TRAVEL LOG

LODGING INFO _____

FLIGHT / ROAD TRIP INFO _____

TO DO	TO EAT	TO BUY

	M	T	W	T	F	S	S
8 AM							
9 AM							
10 AM							
11 AM							
12 NN							
1 PM							
2 PM							
3 PM							
4 PM							
5 PM							
6 PM							
7 PM							
8 PM							
9 PM							

Travel Log

LODGING INFO _____

_____

FLIGHT / ROAD TRIP INFO _____

_____

TO DO	TO EAT	TO BUY

	M	T	W	T	F	S	S
8 AM							
9 AM							
10 AM							
11 AM							
12 NN							
1 PM							
2 PM							
3 PM							
4 PM							
5 PM							
6 PM							
7 PM							
8 PM							
9 PM							

LODGING INFO _____
_____

FLIGHT / ROAD TRIP INFO _____
_____

TO DO	TO EAT	TO BUY

	M	T	W	T	F	S	S
8 AM							
9 AM							
10 AM							
11 AM							
12 NN							
1 PM							
2 PM							
3 PM							
4 PM							
5 PM							
6 PM							
7 PM							
8 PM							
9 PM							

LODGING INFO _____

_____

FLIGHT / ROAD TRIP INFO _____

_____

TO DO	TO EAT	TO BUY

	M	T	W	T	F	S	S
8 AM							
9 AM							
10 AM							
11 AM							
12 NN							
1 PM							
2 PM							
3 PM							
4 PM							
5 PM							
6 PM							
7 PM							
8 PM							
9 PM							

Travel Log

LODGING INFO _____
_____

FLIGHT / ROAD TRIP INFO _____
_____

TO DO	TO EAT	TO BUY

	M	T	W	T	F	S	S
8 AM							
9 AM							
10 AM							
11 AM							
12 NN							
1 PM							
2 PM							
3 PM							
4 PM							
5 PM							
6 PM							
7 PM							
8 PM							
9 PM							

LODGING INFO _____

_____

FLIGHT / ROAD TRIP INFO _____

	TO DO	TO EAT	TO BUY

	M	T	W	T	F	S	S
8 AM							
9 AM							
10 AM							
11 AM							
12 NN							
1 PM							
2 PM							
3 PM							
4 PM							
5 PM							
6 PM							
7 PM							
8 PM							
9 PM							

LODGING INFO _____
_____

FLIGHT / ROAD TRIP INFO _____
_____

TO DO	TO EAT	TO BUY

	M	T	W	T	F	S	S
8 AM							
9 AM							
10 AM							
11 AM							
12 NN							
1 PM							
2 PM							
3 PM							
4 PM							
5 PM							
6 PM							
7 PM							
8 PM							
9 PM							

TRAVEL LOG

LODGING INFO _____

FLIGHT / ROAD TRIP INFO _____

TO DO	TO EAT	TO BUY

	M	T	W	T	F	S	S
8 AM							
9 AM							
10 AM							
11 AM							
12 NN							
1 PM							
2 PM							
3 PM							
4 PM							
5 PM							
6 PM							
7 PM							
8 PM							
9 PM							

TRAVEL LOG

LODGING INFO _____
_____

FLIGHT / ROAD TRIP INFO _____
_____

TO DO	TO EAT	TO BUY

	M	T	W	T	F	S	S
8 AM							
9 AM							
10 AM							
11 AM							
12 NN							
1 PM							
2 PM							
3 PM							
4 PM							
5 PM							
6 PM							
7 PM							
8 PM							
9 PM							

Travel Log

LODGING INFO _____
_____

FLIGHT / ROAD TRIP INFO _____
_____

TO DO	TO EAT	TO BUY

	M	T	W	T	F	S	S
8 AM							
9 AM							
10 AM							
11 AM							
12 NN							
1 PM							
2 PM							
3 PM							
4 PM							
5 PM							
6 PM							
7 PM							
8 PM							
9 PM							

LODGING INFO _____
_____

FLIGHT / ROAD TRIP INFO _____
_____

TO DO	TO EAT	TO BUY

	M	T	W	T	F	S	S
8 AM							
9 AM							
10 AM							
11 AM							
12 NN							
1 PM							
2 PM							
3 PM							
4 PM							
5 PM							
6 PM							
7 PM							
8 PM							
9 PM							

LODGING INFO _____

FLIGHT / ROAD TRIP INFO _____

TO DO	TO EAT	TO BUY

	M	T	W	T	F	S	S
8 AM							
9 AM							
10 AM							
11 AM							
12 NN							
1 PM							
2 PM							
3 PM							
4 PM							
5 PM							
6 PM							
7 PM							
8 PM							
9 PM							

Travel LOG

LODGING INFO _____
_____

FLIGHT / ROAD TRIP INFO _____
_____

TO DO	TO EAT	TO BUY

	M	T	W	T	F	S	S
8 AM							
9 AM							
10 AM							
11 AM							
12 NN							
1 PM							
2 PM							
3 PM							
4 PM							
5 PM							
6 PM							
7 PM							
8 PM							
9 PM							

Travel LOG

LODGING INFO _____

FLIGHT / ROAD TRIP INFO _____

TO DO	TO EAT	TO BUY

	M	T	W	T	F	S	S
8 AM							
9 AM							
10 AM							
11 AM							
12 NN							
1 PM							
2 PM							
3 PM							
4 PM							
5 PM							
6 PM							
7 PM							
8 PM							
9 PM							

LODGING INFO _____

FLIGHT / ROAD TRIP INFO _____

	TO DO	TO EAT	TO BUY

	M	T	W	T	F	S	S
8 AM							
9 AM							
10 AM							
11 AM							
12 NN							
1 PM							
2 PM							
3 PM							
4 PM							
5 PM							
6 PM							
7 PM							
8 PM							
9 PM							

Travel Log

LODGING INFO _____
_____

FLIGHT / ROAD TRIP INFO _____
_____

TO DO	TO EAT	TO BUY

	M	T	W	T	F	S	S
8 AM							
9 AM							
10 AM							
11 AM							
12 NN							
1 PM							
2 PM							
3 PM							
4 PM							
5 PM							
6 PM							
7 PM							
8 PM							
9 PM							

LODGING INFO _____
_____

FLIGHT / ROAD TRIP INFO _____
_____

TO DO	TO EAT	TO BUY

	M	T	W	T	F	S	S
8 AM							
9 AM							
10 AM							
11 AM							
12 NN							
1 PM							
2 PM							
3 PM							
4 PM							
5 PM							
6 PM							
7 PM							
8 PM							
9 PM							

LODGING INFO _____
_____

FLIGHT / ROAD TRIP INFO _____
_____

	TO DO	TO EAT	TO BUY

	M	T	W	T	F	S	S
8 AM							
9 AM							
10 AM							
11 AM							
12 NN							
1 PM							
2 PM							
3 PM							
4 PM							
5 PM							
6 PM							
7 PM							
8 PM							
9 PM							

Travel Log

LODGING INFO _____
_____
FLIGHT / ROAD TRIP INFO _____
_____

TO DO	TO EAT	TO BUY

	M	T	W	T	F	S	S
8 AM							
9 AM							
10 AM							
11 AM							
12 NN							
1 PM							
2 PM							
3 PM							
4 PM							
5 PM							
6 PM							
7 PM							
8 PM							
9 PM							

LODGING INFO _____

FLIGHT / ROAD TRIP INFO _____

TO DO	TO EAT	TO BUY

	M	T	W	T	F	S	S
8 AM							
9 AM							
10 AM							
11 AM							
12 NN							
1 PM							
2 PM							
3 PM							
4 PM							
5 PM							
6 PM							
7 PM							
8 PM							
9 PM							

LODGING INFO _____
_____

FLIGHT / ROAD TRIP INFO _____
_____

TO DO	TO EAT	TO BUY

	M	T	W	T	F	S	S
8 AM							
9 AM							
10 AM							
11 AM							
12 NN							
1 PM							
2 PM							
3 PM							
4 PM							
5 PM							
6 PM							
7 PM							
8 PM							
9 PM							

LODGING INFO _____
_____

FLIGHT / ROAD TRIP INFO _____
_____

TO DO	TO EAT	TO BUY

	M	T	W	T	F	S	S
8 AM							
9 AM							
10 AM							
11 AM							
12 NN							
1 PM							
2 PM							
3 PM							
4 PM							
5 PM							
6 PM							
7 PM							
8 PM							
9 PM							

LODGING INFO _____

FLIGHT / ROAD TRIP INFO _____

TO DO	TO EAT	TO BUY

	M	T	W	T	F	S	S
8 AM							
9 AM							
10 AM							
11 AM							
12 NN							
1 PM							
2 PM							
3 PM							
4 PM							
5 PM							
6 PM							
7 PM							
8 PM							
9 PM							

LODGING INFO _____

_____

FLIGHT / ROAD TRIP INFO _____

_____

TO DO	TO EAT	TO BUY

	M	T	W	T	F	S	S
8 AM							
9 AM							
10 AM							
11 AM							
12 NN							
1 PM							
2 PM							
3 PM							
4 PM							
5 PM							
6 PM							
7 PM							
8 PM							
9 PM							

LODGING INFO _____

FLIGHT / ROAD TRIP INFO _____

	TO DO	TO EAT	TO BUY

	M	T	W	T	F	S	S
8 AM							
9 AM							
10 AM							
11 AM							
12 NN							
1 PM							
2 PM							
3 PM							
4 PM							
5 PM							
6 PM							
7 PM							
8 PM							
9 PM							

LODGING INFO _____
_____

FLIGHT / ROAD TRIP INFO _____
_____

TO DO	TO EAT	TO BUY

	M	T	W	T	F	S	S
8 AM							
9 AM							
10 AM							
11 AM							
12 NN							
1 PM							
2 PM							
3 PM							
4 PM							
5 PM							
6 PM							
7 PM							
8 PM							
9 PM							

LODGING INFO _____

_____

FLIGHT / ROAD TRIP INFO _____

_____

TO DO	TO EAT	TO BUY

	M	T	W	T	F	S	S
8 AM							
9 AM							
10 AM							
11 AM							
12 NN							
1 PM							
2 PM							
3 PM							
4 PM							
5 PM							
6 PM							
7 PM							
8 PM							
9 PM							

Travel LOG

LODGING INFO _____

FLIGHT / ROAD TRIP INFO _____

TO DO	TO EAT	TO BUY

	M	T	W	T	F	S	S
8 AM							
9 AM							
10 AM							
11 AM							
12 NN							
1 PM							
2 PM							
3 PM							
4 PM							
5 PM							
6 PM							
7 PM							
8 PM							
9 PM							

LODGING INFO _____
_____

FLIGHT / ROAD TRIP INFO _____
_____

TO DO	TO EAT	TO BUY

	M	T	W	T	F	S	S
8 AM							
9 AM							
10 AM							
11 AM							
12 NN							
1 PM							
2 PM							
3 PM							
4 PM							
5 PM							
6 PM							
7 PM							
8 PM							
9 PM							

Travel Log

LODGING INFO _____
_____

FLIGHT / ROAD TRIP INFO _____
_____

TO DO	TO EAT	TO BUY

	M	T	W	T	F	S	S
8 AM							
9 AM							
10 AM							
11 AM							
12 NN							
1 PM							
2 PM							
3 PM							
4 PM							
5 PM							
6 PM							
7 PM							
8 PM							
9 PM							

LODGING INFO _____

_____

FLIGHT / ROAD TRIP INFO _____

_____

TO DO	TO EAT	TO BUY

	M	T	W	T	F	S	S
8 AM							
9 AM							
10 AM							
11 AM							
12 NN							
1 PM							
2 PM							
3 PM							
4 PM							
5 PM							
6 PM							
7 PM							
8 PM							
9 PM							

LODGING INFO _____

FLIGHT / ROAD TRIP INFO _____

TO DO	TO EAT	TO BUY

	M	T	W	T	F	S	S
8 AM							
9 AM							
10 AM							
11 AM							
12 NN							
1 PM							
2 PM							
3 PM							
4 PM							
5 PM							
6 PM							
7 PM							
8 PM							
9 PM							

LODGING INFO _____

FLIGHT / ROAD TRIP INFO _____

TO DO	TO EAT	TO BUY

	M	T	W	T	F	S	S
8 AM							
9 AM							
10 AM							
11 AM							
12 NN							
1 PM							
2 PM							
3 PM							
4 PM							
5 PM							
6 PM							
7 PM							
8 PM							
9 PM							

LODGING INFO _____

_____

FLIGHT / ROAD TRIP INFO _____

_____

TO DO	TO EAT	TO BUY

	M	T	W	T	F	S	S
8 AM							
9 AM							
10 AM							
11 AM							
12 NN							
1 PM							
2 PM							
3 PM							
4 PM							
5 PM							
6 PM							
7 PM							
8 PM							
9 PM							

LODGING INFO _____
_____

FLIGHT / ROAD TRIP INFO _____
_____

TO DO	TO EAT	TO BUY

	M	T	W	T	F	S	S
8 AM							
9 AM							
10 AM							
11 AM							
12 NN							
1 PM							
2 PM							
3 PM							
4 PM							
5 PM							
6 PM							
7 PM							
8 PM							
9 PM							

TRAVEL LOG

LODGING INFO _____
_____

FLIGHT / ROAD TRIP INFO _____
_____

TO DO	TO EAT	TO BUY

	M	T	W	T	F	S	S
8 AM							
9 AM							
10 AM							
11 AM							
12 NN							
1 PM							
2 PM							
3 PM							
4 PM							
5 PM							
6 PM							
7 PM							
8 PM							
9 PM							

LODGING INFO _____

FLIGHT / ROAD TRIP INFO _____

TO DO	TO EAT	TO BUY

	M	T	W	T	F	S	S
8 AM							
9 AM							
10 AM							
11 AM							
12 NN							
1 PM							
2 PM							
3 PM							
4 PM							
5 PM							
6 PM							
7 PM							
8 PM							
9 PM							

Travel Log

LODGING INFO _____

_____

FLIGHT / ROAD TRIP INFO _____

_____

TO DO	TO EAT	TO BUY

	M	T	W	T	F	S	S
8 AM							
9 AM							
10 AM							
11 AM							
12 NN							
1 PM							
2 PM							
3 PM							
4 PM							
5 PM							
6 PM							
7 PM							
8 PM							
9 PM							

LODGING INFO _____

FLIGHT / ROAD TRIP INFO _____

TO DO	TO EAT	TO BUY

	M	T	W	T	F	S	S
8 AM							
9 AM							
10 AM							
11 AM							
12 NN							
1 PM							
2 PM							
3 PM							
4 PM							
5 PM							
6 PM							
7 PM							
8 PM							
9 PM							

Travel LOG

LODGING INFO _____
_____

FLIGHT / ROAD TRIP INFO _____
_____

TO DO	TO EAT	TO BUY

	M	T	W	T	F	S	S
8 AM							
9 AM							
10 AM							
11 AM							
12 NN							
1 PM							
2 PM							
3 PM							
4 PM							
5 PM							
6 PM							
7 PM							
8 PM							
9 PM							

www.ingramcontent.com/pod-product-compliance
Lightning Source LLC
Chambersburg PA
CBHW070420220526
45466CB00004B/1485